母親である前に

ひとりの人間として、
パートナーへのメッセージ

齊藤 奈美

文芸社

母親である前に　ひとりの人間として、パートナーへのメッセージ

●もくじ

第一章　ひとりの親として　7
一　私という人間　7
二　最初の選択　9
三　二度目の選択　12
四　復職　14
五　理解と協力を求めるために　16
六　戦争の日々　17
七　我が子の入院　20
八　絶望的な事実　24
九　大きな決断　28
十　現実に向き合う難しさ　30
第二章　自分なりの道　33

一　これも私の人生　33
二　気持ちの切り換え　35
三　現在の私とこれから　37

第三章　働くお母さんへ　41

一　幸せな環境であること　41
二　頑張れ！　お母さん！　43
三　補足　44

第四章　虐待について　46

一　ショッキングな一言　46
二　家庭に境界線をひくべきか？　52
三　虐待は何故おこるのか？　56
四　虐待の種類　60

五　子供は二人で育てるもの　67

第五章　家庭円満が大前提　69

一　家族って…　69
二　会話　70
三　言葉　72
四　笑顔でいるためには　75
五　つまり「家庭円満」　76

あとがき　79

第一章　ひとりの親として

一　私という人間

私は、本など出す大層な人間ではない、ごくごく普通の二児の母という一般的な主婦です。普通に大学を卒業し、普通に会社に就職をし、結婚、出産そして退職をし、現在は子育て奮闘中の一人の母親です。

大学進学を希望したのも、そもそも家庭環境の悪かった私は、我が家に少しでもなにか役に立てることはないかと考え、法学部を選んだのです。またゼミでは、女性である自分自身のために労働法を選択しました。これは、社会に出て、「女性だから」と片付けられ

たくなかったからです。自分の道は自分で切り開くべきだと考えているからです。

ゼミがゼミなだけに、就職活動のときは、社長面接までいって落とされたのも少なくありませんでした。また、私達の時代からバブルが崩壊し、女性にとって就職はとても狭き門でした。特に、四年制大学を卒業した女性はなおさらです。企業側としては、二十二歳で入社し、二、三年もすればすぐに結婚退職してしまうだろうという考えなのでしょう。

でも現代はそうではないようです。少なくとも私の周りでは、結婚しても当然働いています。それでも、なんとか第一希望としていた会社からの採用の通知を受けました。私はもともと仕事をするなら男性と肩を並べて頑張りたいと思っていたので事務職ではなく総合職での採用をしているところを探していました。

晴れて希望する総合職で仕事をすることができました。私が勤めていた会社は女性にとっては本当にすばらしいやりがいのある仕事をさせてもらえる、私にはぴったりの会社でした。男性と同じくチャンスを与えられ、資格試験も受けさせてもらい、一般職から指導職へ昇格、主任一級まで肩書きをもらうことができました。ありがたいことです。

二　最初の選択

私の人生での最初の選択は「結婚」でした。決して早い結婚ではなかった私は、会社の中でも私は結婚などせず、バリバリ仕事をするキャリアウーマンの道を歩むと思われていたみたいです。確かに結婚願望はあまりありませんでした。しかし人生とは不思議なもの

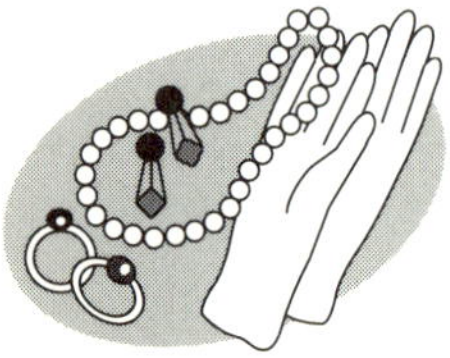

で、この人なら私のことを理解してくれると思ったから結婚を決めたのです。これは誰でも結婚を決めるときに思う気持ちでしょう。

結婚を決めてからそろそろ上司にも報告をしなければと思っていた矢先に、職場の事業部長から直々に、

「海外研修を受けてみないか？　社内で二、三人しか行けないから、俺は君を推薦しておいた」

と言われたのです。私はとてもうれしく、すぐにでも、

「ハイ、よろしくお願いします！」

と言いたかったのですが…。私の脳裏には結婚がある。結婚していきなり別居も…行けば二年ほどは帰れないだろうとよぎったものです。しかし報告はしなければいけないので、

「実は、結婚するのです」

と言いました。

「えっ…！」

しばしの沈黙。かなり驚かれたようです。まさか私が結婚をするなんて…という顔でした。そのあとにすぐ返ってきたのは、

「そっか、おめでとう。でも残念だな。ま、めでたいことだからな」

という一言でした。その後、私の研修推薦が取り消されたのは言うまでもありません。その場は何もなく話が終わったので、夫に相談しました。こんなチャンスはなかなかないから行きたい、と。悩んでいたのがばかばかしいことでした。既に勝手に取り消されていたのだから…。そのときです。私も考える時間をもらうようお願いしなかったのが悪かったのですが、これってあり？　と思いました。

「どうする？」

という一言ももらえないものなのか。

「結婚」＝辞退なのか？　と。

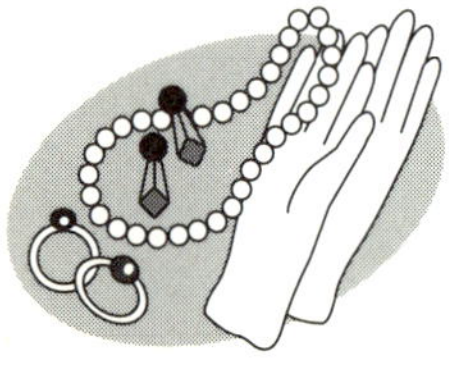

結局、女性は暗黙の下にそう片付けられているのですよね。寂しいことです。

「結婚」＝もうチャンスは訪れない。

こうした現実を突きつけられました。

三　二度目の選択

結婚して半年、子供を授かりました。またまた時期が悪い上司への報告となりました。環境が変わり、新しい職場でこれからそこの職場になれて信用を獲得していかなければ…と私に期待をかけられていたことは、私にも痛いほど伝わっていました。そんな中、

「妊娠しました」

の報告をするのは非常に苦痛なものでした。

しかし、これも私の人生。私の中に命が授かったのだから、こんなに喜ばしいことはありません。

さて、ここで選択しなければなりません。このまま仕事を続けるのか辞めるのか…。

私は悩むこともなく答えはすぐに出ました。育児休職の制度を取り入れている会社だったので「当然」この制度を利用させてもらうことにしたのです。これには理由がありました。確かに未知の世界。育児をしながら仕事を続けるのがどんなに大変なのかは想像もつきません。それでも、これまた自分の人生。自分で納得していないうちに退職を決めるのは一生後悔すると思ったからです。やはり、それなりに自分の仕事に生きがいをもってやっていたし、正社員として働く厳しさをニュースなどでも耳にする機会が増えていたからです。こんなに責任のある仕事を任されている満足度も否定できませ

んでした。そこで、私は産前・産後休暇及び育児休職をとることに決め、臨月まで勤めていました。

四　復職

いざ復職しようとしていた二、三日前、上司から一本の電話が入りました。

「復職する気はありますね？」

「やはり働いたら定時で絶対あがらなければいけないのですか？」

「正社員で勤める以上、残業もしてもらわなければいけない日もありますが可能ですね？」

「それでは、ご主人やご両親に協力を得ながら勤めていくという考えでよろしいですか？」

等々。これにはショックをかくしきれませんでした。当然、働く私としては、休暇をとる以前と全く変わらない気持ちで働こうと思っていますが、現実どうなるかはやってみないとわからないところが多々あります。だって未知の世界なのですから。

しかし私自身は、当然責任もってやりたいし、残業だって必要に応じてしようと思っているし、子供のお迎えがあるので残業が無理なら家に仕事を持ち帰ってでもできるところはやって、次の朝は早く行き片付けて、周りのかたがたに極力迷惑をかけないよう努力しようと考えていました。

やはり、子持ちで働く女性への理解は、この上司の言葉そのものなのだ、とひどくブルーになったものです。私の場合、夫がとても忙しい仕事をしていて、ほとんど平日は最終電車というような毎日だったので、残業があるときに代わりに子供のお迎えに行ってもら

えるのはあまり期待できないことでした。だからなおさら不安になったものです。

五　理解と協力を求めるために

私は、いよいよ働くに当たって夫といろいろ話しました。私の働くという気持ち、そしてこれからどう考えているのかなど。夫が忙しいのは痛いほどわかっていました。土日出勤をしている夫が休みや早退など言いにくいのも。

私は、できる限りお迎えに差支えないように仕事をするつもりでいること。でも、たとえばどうしても残業が必要になったときなどお願いしたらなんとかお迎えを代わって欲しいこと。また、サラリーマンには欠くことのできないお付き合いなども、自分が絶対に必要と思った会には出席させて欲しい、そのために協力が欲しい等と申し出たものです。

パートで働くわけではない。同じ正社員なのだから夫と立場は一緒。そのことだけは忘れて欲しくなかった。周りの人は、そんなの妻が折れることだと思っているかもしれない。それでも、夫にだけは私の立場や気持ちを、人間として理解して欲しかったのです。夫はその私の気持ちを快く理解してくれました。

六　戦争の日々

いよいよ共働き&子育ての日々がスタートしました。八時半から出社の私は、七時すぎには家を出なければなりません。保育園は八時から開園。私の時間では早すぎるし、たとえ特例で預かってくれ

たとしても預ける時間が長くなればなるほど金額も高くなるのは当然のこと。そこで、朝は夫が保育園に連れて行く役を引き受けてくれました。夫の出勤に合わせて八時半からの登園となります。

私は、十七時半までが就業時間なので、チャイムと共に会社を飛び出ないと十八時半のお迎えに間に合いません。実際、どんなに急いでも十八時三十二分に駅に着く私としてはお迎えは十分遅れてしまうのです。保育園のドアを開けると、我が子ともう一人のたった二人だけが残っています。そう、我が子は、お迎えが遅い「居残り組」の一人だったのです。

帰りの電車を一本乗り過ごしてしまうと、当然我が子が一番最後。一人で園長先生と待っている姿はかわいそうでなりません。顔を見た瞬間のあの何とも言えない顔が物語っていました。みんなは、早くにお母さんがお迎えに来て一人一人いなくなってしまう。自分のお母さんはいつ迎えに来てくれるのだろう…と寂しくて仕方がないと思います。その気持ちを思うとかわいそうでした。それでも、我が子も強いもので、一緒に歌を歌って家まで帰るうちに笑顔になってくれます。

さぁ、家に着いてからが私の戦争。お腹をすかせている我が子にまず食事を与えなければなりません。家に着くのは十九時前。それから作ったのではとても待ちきれません。そこで私は、必ず前の日に用意をしていて温めるだけで済むようにしていたのです。

十九時に食事を食べさせ、お風呂を洗い、十九時半にはお風呂に入れ、二十時すぎには布団の中へ。これが毎日のサイクルとなっていました。夜はほとんど時計と睨めっこの毎日でした。

二十時半にはすっかり寝付いた子供を後に、まず自分の食事をとり、お風呂に入り、洗濯機を回す。そして明日の夕食の準備に夫の

ワイシャツのアイロンがけ。床につくのは零時をまわっていました。そして五時五十分起床という毎日。忙しいながらも充実している自分に満足していました。

七　我が子の入院

保育園へ預けるようになってから万年風邪ひき状態だった我が子はついに肺炎になってしまい急遽入院という形を余儀なくされました。考えてみれば、一つ風邪がなおったと思ったら次の日には違う風邪をもらってきているといった状態。一歳になったばかりの我が子にはとても厳しい環境だったのかもしれません。

保育園の先生方も、「二歳をすぎるとかなり抵抗力もついて今では考えられないくらい風邪もひかなくなるんですけどね」と言っておられました。我が子は冬生まれなので一歳といっても一番風邪の流行る時期なのです。保育園に迎えに行けば鼻をたらして咳をしている子供ばかり。仕方がないですね。

私は復帰したばかりでしたし、つい熱がなければ保育園へ預けてしまっていたのです。子供にはかなり無理をさせていたことを反省します。

たまたまその時は夫の実家に行っていた時に熱を出し、風邪をこじらせたので義母が我が子を面倒見てくださり、私は会社へ行かせてもらいました。しかし、座薬を入れても何をしても高熱は下がらず、終いには水分も咳き込んで全く飲めなくなりぐったりしてしまったので、あわてて大きな病院へ連れて行ったのです。そしたら、「即入院！」という診断。弱っていく我が子を見ながら心から反省したものです。

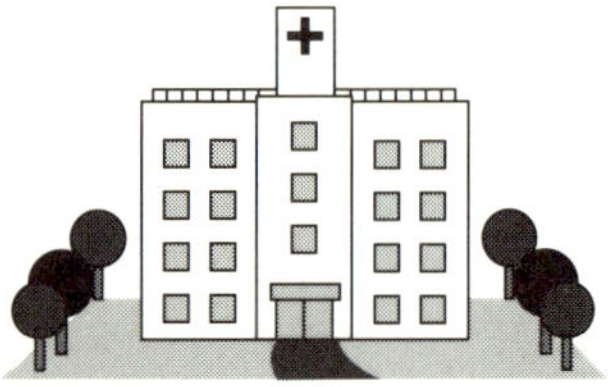

その病院は、完全看護なのですが、両親以外は面会もできないところでした。私は、会社に事情を説明し、午後からの面会のみなので、午前中だけの出勤をしばらくの間認めてもらいました。当然有給休暇を使ってですが…。約九日間入院をし、血液の値もかなりよくなったので退院の許可をもらいました。といっても、点滴をはずせる程度の値で、退院はご両親が決めてくださいとの医師の言葉に腹を立てたものです。こちらは専門家ではないので、その判断は貴方がしてくれ、と言うのです。でも、そこの病院は毎回言うことが違うし、納得のいく説明をしてもらえないこともあり、信頼をなくしていたのです。それに加え、事務的な看護しかしてもらえず、私が病院に行ったときと帰る時の我が子の姿といったらありません。

皆さん、小児科病棟を知っていますか？　小さな子供は、ベッドから落ちないように全面柵で覆われているのです。まるで、「オリ

の中」です。ベッドから離れる時は、必ず柵を上げなければいけないのです。子供は、その隙間から手を伸ばして

「お母さーん！」

と泣き叫ぶのです。しかも病棟内の子供全員が一斉にです。私は毎日、帰りの車の中で泣いていたものです。今思い出しても涙が出てきます。あんなに小さく、まだまだ不安もいっぱいでお母さんと離れるのがどんなに苦痛だったか…。私が帰った後もきっと泣きつかれて眠っているといった感じがうかがえます。日に日に目が泣きつかれて腫れているし、泣きすぎで嘔吐する程で、毎日当たり前のように嘔吐で汚れたパジャマが置いてあったものです。食事も私以外からは全く口にしなかったそうです。

そんな親としての苦しい気持ちもあり強制退院させたといったほうが正しいでしょう。一週間程そのまま実家に世話になり、私も会

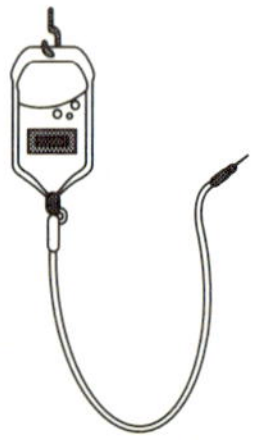

社へ普通に通わせてもらいました。約三週間、一時間半以上かけて通勤し、体力的にも精神的にも押しつぶされそうでした。通勤途中で貧血を起こして倒れ、駅にお世話になったこともありました。

八　絶望的な事実

我が子もだいぶ元気になり食事もとれるようになったので自宅へ一週間後に戻ってきました。自宅についたらやはり安心したのでしょう、いつもの調子で元気に動き回る我が子。

さあ、久しぶりの登園です。病院での苦い思い出があったせいか、預けるときは、また置いていかれると大泣きされたそうです。迎えに行ったときも、まるで、

「なんで置いていくんだ！」

と私の顔を見た瞬間泣き叫んで私の事をたたいていました。久しぶりの登園から三日目。午後の仕事にとりかかってすぐに保育園からの呼び出し電話。「熱が三八度六分あるので迎えに来てください」

あんなに朝は元気だったのにがっかりでした。急いで早退し、迎えに行きました。元気はありますが、入院のあとです。さすがに私達夫婦も慎重になり熱がある＝また肺炎？　という思いが強く、翌日夫と近くの病院へ連れて行くことにしました。前の病院で紹介状を書いていただいていたのでそれをもって診察。当然紹介状を見た先生は血液検査をしました。

私は、どうしても抜けられない午後の会議があったのであとは夫に任せて出社しました。会社に着いて、私が進めなければいけない会議の準備をしていると夫からの電話。

「また肺炎だって。値が十のうち九・七だって。今すぐ入院しない

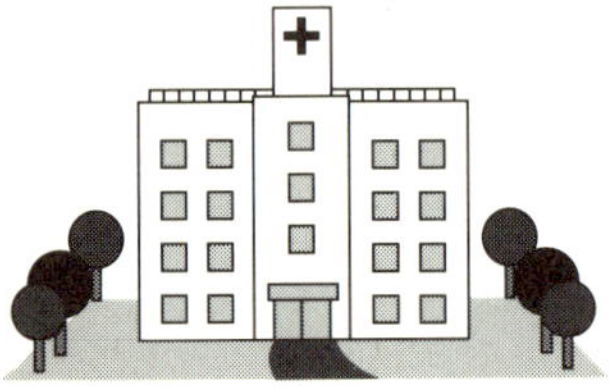

と命にかかわる」

　と言われたのです。

〈えぇ、また？　何故うちの子だけこんな苦しい思いをしなければいけないの？〉

　という思いでいっぱいになり、思わず電話越しで泣きじゃくってしまいました。命にかかわるって何？　と。もう会議の時間。上司達は会議室に行っていました。泣く泣く夫に、

「ごめん、今日だけはどうしても抜けられないからお願いできる？」

　と苦しい思いをかみ殺し返事をしました。そのとき夫の口から、

「この病院は完全看護じゃないんだって。ここに入院するなら寝泊りしなければならない。それも母親しかダメなんだって。もし、完全看護がいいなら別の病院を紹介するって言うんだけどどうする？　会社大丈夫か？　俺には協力できない部分だから後は決めて」

と。

正直、すぐに会社のことが頭に浮かびました。また迷惑をかけるのか、私は復帰したばかりなのにまたなの？　と。反面、前回我が子の入院生活が普通の精神状態でなかったこと、そしてあんな思いも、もう二度とさせたくないと強く思ったこと。あんな状態では、治るものも治らないと思っていた矢先だったので思い切って返事をしました。

「私、二十四時間頑張るよ。そのほうがあの子のためだもん。もうあんな思いはさせたくないよ」

と。その病院に入院することにしました。

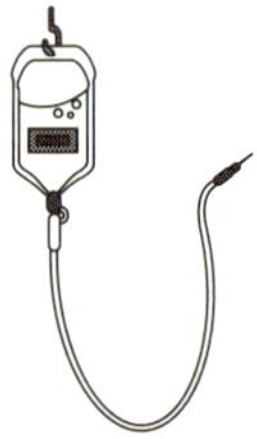

九　大きな決断

この現実の前で、これ以上会社に迷惑をかけられないし、自分自身こんな気持ちで仕事をするのは限界と思いました。会社側は、当然主軸となってやってほしいという期待をかけて私をどんどん新しい仕事へと引き継いでいっていたのです。それなのに、こんなに休みをとってばかりでは仕事も進まないし、いつまでたっても私に任せられないと思うだろうし、私も頑張って結果を残していきたいのにそれができない。かといって、我が子をないがしろにはできないし、仕事も中途半端にできないし、とこんなジレンマと戦いながら悩んで悩んだあげく決断したのは、「退職」という道でした。この決断はすぐには出せず、本当に苦しかった。女性の立場をかなり考えて制度も取り入れてくれているとはいえ、やはりまだまだその事

例は少なく、

「だから子供をもってしまうとダメなんだよなぁ」

という会社側の考えを覆したい思いでいっぱいでした。子供がいたって仕事はしっかりできるんだということを証明したかったのです。私の部署でもこれから結婚をして出産していく後輩達がたくさんいます。その人たちのためにも私がいい例を残せたら、という気持ちで頑張ろうと思っていたのです。それなのに、一番たちの悪い結果を残すことになってしまったのです。これは悔しいし、後輩達に本当に申し訳ない気持ちでいっぱいでした。後輩達がいざその立場になったとき、

「どうせ続かないだろう」

という印象だけは絶対残したくなかったのです。でも、現実とは厳しいもの、復帰してたった二ヵ月の退職となってしまいました。

私は子供のことは抜きとして仕事がしたかった…。

十　現実に向き合う難しさ

こんなことを言ったら、否定されるかもしれない。共感してもらえるのはごくごくわずかかもしれない。とくに両親達の時代を生きた方達からすればとてもぜいたくなことを言っていると思われるかもしれません。でも私は今を生きています。現代の人間として思ったことを主張したいだけなのです。それをご理解頂ければ光栄です。私は、ただ女性が、母親でも「一人の人間」として世間に認めてもらいたいのです。だから、あえてバッシングを受けることを覚悟で書かせていただきます。

私が思い苦しんだものとは、一人の母親である反面一人の人間であること。今まで、やりたいことは、必死に働いてお金を貯め、車の免許をとったり、海外短期留学をしたり、趣味であるジェットスキーを買ってレースに参戦したりと、自分で納得いかなければあきらめのつかない性質の私は、努力をして叶えてきました。しかし、今回の決断にはどうしてもしこりを残していたのです。

出産をし、改めて新しい世界に足を踏み入れ、今までのようにとはいかなくとも、できる限りの努力で出産前の自分と同じ立場で仕事をしてみせたかったのです。子供がいてもやればできるんだという例を残したい。それには並大抵の努力じゃ認めてもらえることはできないだろうという強い覚悟の上で、気持ちに喝を入れ仕事に復帰しました。正直、生活面でも精神面でも苦しいことは多々ありました。でも、絶対それを形にするまではあきらめない！　と心に思っていました。そう、これが私の一番近い人生計画でした。それが、たった二ヵ月で崩れ落ちたのです。仕事の代わりはいくらでもいるけれど、我が子の母親は私しかいない。この事実に目を背くことは到底できません。また、私の中でも、そして世間でもこのケースに遭遇したならば、暗黙のもとに、

「辞めるのは母親」

そうなるでしょう。私も当然そう思ったのだから怖いものです。子供をもった親として当然の責任です。我が子がかわいくないからというのではありません。母親業をしたくないから言っているのでもありません。親になったという現実を受け止めなければいけない難しさがここにあるのです。これから先何度となく、この自分の思い描く道とは違う方向に進まなければいけない事が、目の前の現実として立ちはだかってくることでしょう。

第二章　自分なりの道

一　これも私の人生

先にも述べたように、幾度となく自分の希望する道へは行けず、あきらめながら新たな道へと進んでいく、全てが思い通りにならないのは当たり前の事。誰もがこういった思いで自分の人生を歩んでいるに違いありません。それでも人は、新たな道に進んでいけるのは新たな目標を自分なりに決めて、気持ちを立て直しているからではないでしょうか。思い通りにならないからといって大切な一日一日を無駄に過ごすほど馬鹿げたことはないのではないでしょうか。

一つの分かれ道に遭遇したとしても決断するのは自分自身。右に

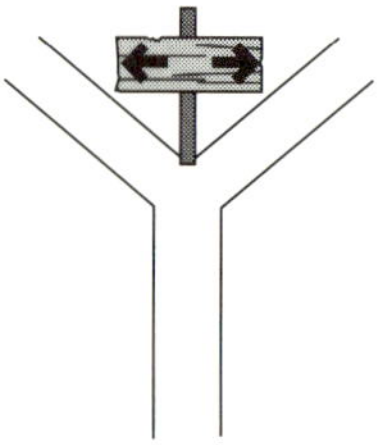

行くか左に行くかは自分で決めるしかないのです。

そして決めた道が後悔の道だったとしても、自分で決めたのなら仕方がないと割り切れるのだと思うのです。自分自身のことならば、この選択はそう難しいことではなく、気持ちも早く切り換えることができると思うのです。しかし、自分以外の何者かにその道を決められてしまうことほど悔しいこと、そしてなかなかあきらめがつかないことは言うまでもありません。第一章で述べた「一人の親であること」これがその何者かに当たるのだと思うのです。それでも、親になったのは自分の意志。原点へ戻ればなんてことはない問題なのです。そう、これも私の人生なのだと…。

二　気持ちの切り換え

現在の私は、ようやく気持ちの切り換えができたところです。自分が思い描いていた方向とは全く違う方向へと余儀なく導かれ、なかなか現実に向き合うことができませんでしたが、いつまでも落ち込んでいてはせっかくの毎日がもったいないと思えたからです。何度も何度も自分に言い聞かせたことがあります。

「今回こうなってしまったのは、きっと神様がそうするのが私にとっても家族にとっても一番いいことだったのだ。神様がそれを気づかせてくれたのだ。」

と。

あのまま退職せずに、なんとか子供の入院を乗り越えたとしてもどうだったでしょうか？　仕事は休んでばかりで有給休暇もなくな

り、穴をあけてばかりで信頼は失っていったでしょう。私が働くことで訴えようとしていたことが、かえってマイナスになっていたのではないでしょうか。会社側の評価は、

「辞めずに頑張っているな。子供もいるのに大変だな」

ではなく、

「まったくいつまで迷惑かけてるんだ。いつまで居座っているんだ。これじゃ仕事がすすまない」

というものでしかなかったのではないでしょうか。新しい人材を採用するといっても、いつまでも私が居座っていたのでは人件費も加算してたまったもんではないでしょう。

子供に関してはどうでしょうか？　あのまま、保育園も辞めず無理して預けたところで、体はますます衰弱し、目に見えないストレスを与えていたのではないでしょうか？　風邪をこじらせ、肺炎ど

ころか取り返しのつかない一生ひきずる病気に進行していたかもしれません。家庭についてもそうです。私が働き続けることで、仕事で認めてもらいたいがために無理をして、夫にも子供にもしわ寄せが行き笑顔などなかったかもしれません。自分の体もぼろぼろだったかもしれません。

こんなことを考え出すとぞっとしてきます。だから神様が私だけでなく、私達家族においても一番良い方向へ導いてくださったのだと、そう思うことにしたのです。

三　現在の私とこれから

現在は、新たに目標を持つことにしました。我が子が丈夫になるために私ができることをしよう。

「三歳までが一生分の親孝行をしてくれる」

よくこの言葉を耳にします。実際、そうかもしれません。子供は、一歳までが著しい成長をとげます。目が見えなかった子が目が見えるようになり、笑ったり泣いたり表情豊かになったり、ねんねだったのに、お座りができるようになり、視界が広がった子供は周りのおもちゃに手を伸ばすようになり、はいはい、あんよと肉体的にも急成長を遂げます。その成長ぶりをこの目で見られることは、なんて幸せなことでしょう。肉体的だけではありません。精神的にも人間らしく優しい心をもち、ときにはちょっといじわるな心をもち、その仕草一つで周りの人間を変えてしまう程の大きな力をもちます。

私が足をぶつけて痛がっていると、顔を覗き込んで頭をなでてくれたり、私が喜んでいると一緒になってはしゃいでくれたり、私がすることを突然真似していたり、お手伝いをしてくれたり…。一歳になる前から少しずつ言葉（単語）を話すようになった長男は、ちゃんと意味が通じる言葉を発します。なぜかプロ野球が始まると、負けていてもこぶしを握りあげ、

「ヤッター！」

と叫ぶのは辞めて欲しいものですが。こういった一つ一つの成長に、はかりしれない喜びをもらっています。今は、今にしかできないこの貴重な経験を存分にさせてもらうことに決めました。そう、今にしかできない子育てを。そしてこう目標をもったのです。

「いつか子育てを終えたら、また社会に復帰しよう！」

と。その日を新たな目標としたら、なんだか毎日が楽しくなってきたのです。これからは精いっぱい、家事と育児をして今しかできないことを満喫しようと決めました。与えられた仕事をいかに楽し

く続けるかを念頭において、子供たちに囲まれたのんびりとした生活を送りたいと思っています。

第三章　働くお母さんへ

一　幸せな環境であること

私は今回の経験を通して思うことがあります。今、仕事をしながら子育てを頑張っているお母さん方、愚痴をこぼしてばかりいませんか？

「大変だ」「疲れた」と自分のことばかり考えて周りが見えなくなっていたりしませんか？

私も働いていたならばそう思っていたに違いありません。働いている方の中でも、私と同じようにとにかく仕事がしたい！　働きたい！　と思っている方から、経済的に苦しいからしかたなく外へ出

て稼がないと！　と現実的に頑張っている方、なんとなく暇だし社会から取り残されたくないから外に出るかなと外で働いている方、いろいろいらっしゃると思います。

そんな中で、理由がなんであれ働ける現実を感謝したことがありますか？

私は思うのです。自分は働きたくても働けない現実がある人もいるということを忘れて欲しくないのです。今、働けていることが当たり前ととるのではなく、大変だけど働けるということは幸せなんだと思って欲しいのです。

中には本当に経済的に生活が苦しいのに、子供が私と同じく保育園へ預ける条件が満たないがためにやむを得ず働けなくて苦しんでいる人、また、働きたくても自分の体が弱くてなかなか勤めに出られない方等たくさんいらっしゃると思うのです。

そういう環境の方達がいることを忘れないでいてくだされば、今自分が置かれている環境がなんて幸せなのかご理解いただけると思うのです。また、そのことで今まで愚痴にしかならなかったことが不思議と消えていって、また新たな気持ちでお仕事も子育ても頑張れると思うのです。

二　頑張れ！　お母さん！

私は、働くお母さんを応援します。少しの間でしたが働きながら母親業をすることのすばらしさは言葉では言い表わすことはできません。確かにとても大変です。自分の時間なんてどこにもありません。それでも、毎日同じ事の繰り返しではなく、毎日仕事面においても、子育てにおいても、感動ばかりだからです。ちょっとの間し

か子供と接することができないけれど、その時間といったらなんと貴重な時間でしょう。自然に笑顔になれたりしますよね。とても愛しく思えたりしますよね。

そんな素敵な気持ちを羨ましく思います。ついつい、言うことをきかなくてイライラしてしまうかもしれませんが、子供もお母さんの頑張っている姿をよく見ています。だから自信をもって頑張ってください。そして、とにかく自分一人では決して頑張ろうとしないでください。もう一人その子の親はいるのだから、存分に協力してもらってくださいね。

三　補足

共働きのお父様方がもしこの本を読んでくださっているのならお

願いです。第一項でも述べましたが、妻の働ける環境を幸せだと思ってくださいね。そしてそんな理解をしてあげられたご自分を是非誇りにしてもらいたいのです。きっとイライラもしているかも知れませんが、働いていないお母さんよりいい顔をしていると思いますよ。見逃さないでください。そして、妻が働くことを了承したのであれば、積極的に家の事も協力してあげてくださいね。全ては二人で協力してください。それが子供の笑顔へとつながると思っています。頑張ってください。

第四章　虐待について

一　ショッキングな一言

最近、毎日といっていいほど耳にする「虐待」のニュース。理由はさまざまだが、何故こんなにも多く虐待がおこるのか？　私は真剣に考えたこともなく、ただ、そのニュースを耳にする度に、〈そんな殺さなくても…。ひどすぎる！　信じられない！〉とただそれだけ思っていました。でも、あるきっかけで私はなんとなくわかるような気がしてきたのです。

そのきっかけとは、夫の一言でした。誤解して欲しくないので改めてまた夫自慢をさせていただきます。私の夫は、きっと他の家庭

恐縮ですが
切手を貼っ
てお出しく
ださい

112-0004

東京都文京区
後楽2−23−12
（株）文芸社
ご愛読者カード係行

書　名			
お買上書店名	都道府県　　市区郡　　書店		
ふりがな お名前		明治 大正 昭和　　年生　　歳	
ふりがな ご住所	□□□-□□□□	性別 男・女	
お電話番号	（ブックサービスの際、必要）	ご職業	

お買い求めの動機

1. 書店店頭で見て　2. 小社の目録を見て　3. 人にすすめられて
4. 新聞広告、雑誌記事、書評を見て（新聞、雑誌名　　　　）

上の質問に1.と答えられた方の直接的な動機

1.タイトルにひかれた　2.著者　3.目次　4.カバーデザイン　5.帯　6.その他

ご講読新聞　　新聞	ご講読雑誌

文芸社の本をお買い求めいただきありがとうございます。
この愛読者カードは今後の小社出版の企画およびイベント等の資料として役立たせていただきます。

本書についてのご意見、ご感想をお聞かせ下さい。

① 内容について

② カバー、タイトル、編集について

今後、出版する上でとりあげてほしいテーマを挙げて下さい。

最近読んでおもしろかった本をお聞かせ下さい。

お客様の研究成果やお考えを出版してみたいというお気持ちはありますか。

ある　　ない　　内容・テーマ（　　　　　　　　　）

「ある」場合、小社の担当者から出版のご案内が必要ですか。

希望する　　希望しない

ご協力ありがとうございました。

〈ブックサービスのご案内〉

小社では、書籍の直接販売を料金着払いの宅急便サービスにて承っております。ご購入希望がございましたら下の欄に書名と冊数をお書きの上ご返送下さい。（送料１回380円）

ご注文書名	冊数	ご注文書名	冊数
	冊		冊
	冊		冊

よりはるかに育児、家事に対して協力的だと思っております。私が働いていたときはもちろん、退職してから専業主婦になってからもその夫の態度は変わりません。もともと結婚したときから家庭のことも半分半分で、自主的に協力してくれていました。それは、子供ができてからも何ら変わりがありません。私は、外で仕事をしている夫に家のことまで手伝ってもらうのは申し訳ないと思うくらいです。

普段仕事の遅い夫は、早く帰って来れた日、また土・日曜の休みは、進んで子供をお風呂に入れてくれます。それだけでなく、洗濯物を干してくれたり、掃除はたまにですがしてくれたり、子供のオムツはあたりまえのように代えてくれます。もちろん、私が言わなくても進んでやってくれるのです。それどころか、お風呂から出た我が子を寝かしつけている間に、洗い物をしてくれたり、ゴミ出し

をしてくれたり…と、もうとにかくあれもこれもと協力してくれるのです。同じ環境の友達の話では、羨ましがられるくらいなのです。では、そんな夫に言われたショッキングな一言とはなんなの？と思われた方もたくさんいらっしゃると思います。くだらないことと思う方も多いかもしれないし、こんなに協力的な夫に、他に何を求めるのか？　と非難されるかもしれません。でも、私にとっては、この本を書こうと思ったきっかけにもなったくらい大きなことだったのです。

その一言とは、

「奈美の仕事って何？」

でした。それがどうしたの？　と思われたかも知れません。この言葉は、夫も深い意味をもって発したのではないことは口調からもわかっております。でも、軽い言葉で出たからなおさら、普段から思っていることなのでは？　と捉えてしまったのです。そもそもこの言葉が出たのは、年度末で飲み会が続き、ただでさえ平日はたまにしか早く帰ってこれないのに、その週は結局一度も早く帰ってこなかったからです。

その時、夫は風邪をひいていました。だるい、だるいと言っては、咳込んで夜も眠れないでいたくらいひどい状態でした。一方私は妊娠中、子供は肺炎を患ったばかりです。サラリーマンなのですから、宴会に出るなと言っているのではありません。それでも、今家庭の事情が事情なのだから二次会など出ずに早く家に帰って自分の風邪を治そうと努力して欲しいものです。夫の風邪が、我が子にうつればすぐに気管支にきてしまい、また入院なんてことにもなりかねません。慎重には慎重を重ねて欲しいものです。また、私は妊婦の身で、今は風邪をひいても薬すら飲めず自力で治すほかないのです。

それに妊婦の風邪は早産を招く最大の原因といわれているくらいです。

自分のことだけでなく、周りの人間のことも一人の親として、また妻帯者としてよく認識してもらいたかったのです。それなのに二次会まできっちり出て最終電車。治るものも治らなくなってしまって、風邪は結局一ヵ月以上も長引き、本人も気管支炎になってしまうし、案の定、心配していたことは全て現実となってしまいました。

まず子供にうつり、咳、鼻水、ゼェゼェと呼吸がひどく点滴二本に吸入、そして病院通い、あやうくまた入院させられてしまうところでした。そんな中、私までダウンしてしまったら何もならないと思い、のどが痛いと思えば早め早めのケアでなんとか乗り越えてきたと思っていたら、疲れが出たのか、ついに私も風邪を本格的にひいてしまいダウン。家族全員でダウンしてしまう始末。私は、だるくてもつらくても我が子を病院まで車で運転し連れて行き、それを週三回も余儀なくされました。妊婦にとってつらい毎日でした。

　なぜ、父親はそういう自覚がないのでしょうか？　不思議です。話がそれてしまいましたが、私が、

「何故もっと自覚をもって早く帰ってこないのか」

　ということを口にしたら出た言葉なのです。夫の理解はこうでした。

「飲み会行くなってことか？　子供を風呂に入れるから早く帰るなんて言えないだろ。じゃ、奈美の仕事はなんなんだ？　子供の世話をしたくないってことか？」

　と的外れもいいところの答えだったのです。がっかりしました。絶望しました。誰が我が子の世話を投げ捨てる親がいますか！　貴方の言う「私の仕事」って家事、育児、家のことは全部私の仕事。

そう言っているようにしかとれませんでした。誰がそんなことを決めたのか？　いつ決まったのか？　私には疑問でなりません。逆をかえせば、じゃ、夫は家事はともかく、育児も関係ないとでもいいたいのでしょうか。

二　家庭に境界線をひくべきか？

私は、第一章でも述べたように、自分が望んでこの道を進んでいるのではない。こう一言で書いてしまうと、まるで育児はしたくないと言っているようですが、真剣に第一章での私の気持ちを読み取ってくださったならご理解いただけると思っています。家庭に入りたくて入ったのではなく、あるあきらめをもってこの道を選んだことを忘れていただきたくないのです。特に夫には。自分が納得して望んで家庭に入ったのなら前項で述べたことはとんでもない過ちです。でも、どこかあきらめがあって、それでもこの現実に立ち向かうため、第二章で述べたように、気持ちを一生懸命切り換えて今この道を歩んでいるのです。

だから、夫からの一言は、私にとってとても衝撃的なものとなってしまいました。

「あの時、仕事やめて子供の面倒みる。家のことは私がやると言わなかったか？」

確かに言いました。それはどんな気持ちで言ったのでしょう。これは夫が考えて吐いた言葉なのでしょうか？　一番理解して欲しい人に理解してもらえなかったこの苦しみは、これからどう頑張っていけばいいのかすら見失わせてしまいました。まともに顔を見て会話ができなくなったくらいです。今までは、夫がいてくれるから、

あの決定的な事実も飲み込んで、また前向きに歩んでいこうと思えたのに、その一番の理解者と思っていた人にあの言葉を言われたときの気持ちったらありません。やっぱり、私は贅沢でしょうか？　つまり、これは俺の仕事、あれは君の仕事とものさしで測るべきなのでしょうか？　家事は家に入った女性の仕事と思っています。しかし、育児については母親だけの子供ではないのです。子供ができた時点から父親ももちろん、二人の子供なのです。子供の世話は君がやる！　君がいるからいいだろう。誰が決めたのでしょうか？　今は昔とは違うのです。〈あ、ちなみに私の夫は育児にとても協力的な人で、夫が言った言葉ではありません。一般的に思うことを列挙しました。〉

前に、歌手の安室奈美恵さんのご主人ＳＡＭさんとお子さんのポスターがどこの産婦人科に行っても貼られていましたし、あのキャッチフレーズはまだ記憶に新しいと思います。

「育児をしない人を父親とは呼ばせない」

私はその通りと思っています。お腹の中に子供をもち、十ヵ月もの間一緒に暮らしている母親は、自然と親としての自覚もわいてきます。でも、父親はどうでしょうか？　生まれて初めて徐々に実感するのではないでしょうか？　これはある意味、仕方のないことかもしれません。実感しろといっても無理があるのかもしれません。でも、生まれたからには自分の血を分けた子供なのです。もう父親は貴方しかいないのです。それを全く母親だけに任せるのはどうでしょうか？　無責任にほかならないと思います。

ただ私は、家庭内に境界線をひくのは間違っていると主張したいだけで、一番の理解者にちゃんと理解して欲しいというだけなのです。

三　虐待は何故おこるのか？

私は思うのです。なんとなくですが、わかるような気がするのです。結局、子育ては母親がやることとどこかで決め付けているのではないでしょうか？　例えば、共働きの時にもよく思ったことですが、父親は残業があるから今日は帰るのが遅いとか、今日は飲み会だから帰るのが遅くなるとかゴルフに行くだとか言って、妻からは、

「またぁ～」

とうるさく言われるかもしれないけれど、子供がいるから行けないなどと断わろうとする人はいるでしょうか？　いたとしてもごくわずかなのではないでしょうか？　それに比べ、母親は、残業があっても保育園のお迎えがある、久しぶりに遊びに行きたいけれど子供にご飯をつくらなければ、旅行会があったとしても子供をどうし

ようかと、常に頭の中には我が子のことを考えざるを得ないのです。そのことによって、いつもお誘いを断わりつづけなければならないことになるのです。そんな時はつい、夫はいつもいいなぁと思ってしまっても不思議ではないような気がします。

結局、子育ては母親がやるものと、どこかで決めつけているような気がします。妻の不満がどこかにたまり始めているのかもしれません。しかし、この程度ならまだいいのですが、最近のニュースでは子供が言うことを聞かないから、ついかっときてなぐってしまったとか、泣き止まないのでつい腹が立ち…なんてことをよく耳にします。

子供は泣くもの。自分の思うようにはいかないことは子育てをしていくうちに親が学習していくことだと思うのです。それでもついついかっときて大声をだしたり、おしりをパチンとしてしまったり

は誰でも経験していることと思います。私は今回夫のショッキングな一言で、子供に当たってしまっている自分に気づいてぞっとしました。何も悪くない子供をやたら叱り付けたり、イライラしている自分がいるのです。はっとしました。虐待までいかないのは、私の環境が幸せすぎるくらいよいことから、そこまで至らないのではないかということです。虐待までいってしまうのは、確かによくないことです。殺してしまうなんて、なんてことだと思います。

それでも、イライラして子供に当たっている自分にはっとする瞬間、自分でもわけがわからなくなっているのは確かだと思うのです。後で反省して涙が出てくる思いなのです。それが行動までいってしまうのは、やはり理解者がいない、孤独な気持ちになっているからなのではないでしょうか。

虐待が増えた今、地方自治体などでも相談センターみたいなものがありますが、あれはあまり意味がないように思われます。私は、幸いにして何でも話せる友達がいるため、つい今日は子供に当たってしまったなどと相談する相手がいます。でも、友達に話したところで元々の原因となっているしこりはなにも解決されていないのです。一時的に気持ちが楽になるだけで、何ら解決はされていないのです。相談センターもその役割なのではないでしょうか。それどころか、友達に話すよりも期待は薄いものなのではないでしょうか。

やはり一番は、同じ親の立場である夫が理解してくれていなければ解決はできないのではないでしょうか。夫が理解してくれていれば、絶対に虐待まではいかずに自分の理性を失わずに済むと思うのです。ついイライラしてしまう母親達、今悩んでしまっている方が同じ思いでいるのなら勇気をもって欲しいのです。勇気をもってご主人と話をして欲しいのです。そして、これを読んでくださってい

る父親の方々に自分の妻が大丈夫かどうかを考えてみて欲しいのです。

子育てを押し付けてはいませんか？　貴方の奥様は大丈夫ですか？

四　虐待の種類

虐待にもいろいろ種類がありますね。先に述べたような例は一般的に理解可能な範囲かもしれません。しかし、中にはいろいろな事情があって、両親そろって虐待をしているなどという例もあります。これは、私には到底理解不可能です。信じられないことですね。この種類はなにか救える方法はあるのでしょうか？

よく自分が幼い頃に同じ思いをさせられた人はどうしても同じことを我が子に繰り返ししてしまうものだとも聞きます。悪い因縁とでもいいましょうか。自分がされたのなら絶対に我が子には同じつらい思いはさせまいと思うのが普通のような気もしますが、私も物心がついた頃から両親は仲が悪く、子供心にすごく寂しさを感じていたのを思い出します。小学校、中学校と歳を重ね判断がつく頃には、よく家庭円満で食卓を家族で温かく囲むお友達のおうちがとても羨ましく思え、自分の家庭のことを隠すかのようにわざと明るく振舞っていました。それから、私は絶対自分と同じような思いだけは、我が子にさせたくない。だから暖かい家庭を築くんだ！　とずっと心に決めていました。

しかしどうでしょう。因縁とは恐ろしいものです。平気で子供の前で夫と喧嘩してしまう自分がいたりします。子供が泣き叫ぶのを見て初めてハッと気づくのです。

「同じことをしてしまっている…」

と。だから一概には言えないことなのですよね。だから両親そろっての虐待は、因縁が絡み合っているのかもしれませんね。でも、せめてハッと気づくときがきて絶対に反省してもらいたいものです。もう、大人なのですから…。

もう一つは、どちらかの連れ子、つまり再婚という形で実の子ではないというのが理由で相手が虐待をしてしまうケースがありますね。これは、少なからずなんとなく理解できる余地は残っているような気がします。でも、その事実を承知の上で再婚したのならば決してやってはいけないことですよね。本当の子と思うことは難しいかもしれません。実の子でも本気で腹をたててしまうことがあるのですから。血がつながっていないとなるととても難しいものかもしれません。それでも、せめて子供がいる相手を愛し、一緒になることを決意したのならば、子供もいることを含めその人の全てを愛さなければならないと思うのです。自分の決めたことを最後まで責任もって欲しいのです。

私の知り合いにやはりこのパターンで再婚をした人がいます。そのご主人は決して自分と奥さんの子供を作ろうとしませんでした。比べてしまうのが怖いのでしょう。本当はものすごく自分の血のつながった子供が欲しいはずなのに…。母親からすれば、どちらも自分がお腹をいためて産んだ子。どっちがかわいい、どっちがにくいなどはないと思います。どちらも同じくかわいいと思います。それでも、父親はどうでしょうか？　自分ではない別の男性との間に生まれた子と自分の実の子と比べないでいられるでしょうか？　お腹を痛めたわけでもない。

逆のパターンも同じことです。自分が産んだ子と他の女性が産んだ子では愛情の入れようが違ってきてしまうと思うのです。血のつ

ながりって恐ろしいものです。体から自然に愛情がにじみ出てくるものです。自分の子ができる前にご兄弟などで子供が生まれ、自分にとっての甥っ子、姪っ子ができたとき、なんともいえないかわいさが湧き上がってきた経験をお持ちの方はたくさんいるのではないでしょうか？　私もその一人です。もともと子供が好きな私でも、兄の子は格別でした。長い間会っていなくても、おじいちゃん、おばあちゃんには自然になついてしまう子供の心境もいわば「血のつながり」に他ならないと思うのです。本能的なものなのかもしれませんね。

だから、再婚して自分の子を作ったとしても、比較しない強い自信があるのならばそうしてもいいけれど、少しでも自信がないのならやめたほうが賢明なのかもしれませんね。これは、偉そうには言えない範囲ですが…。

　虐待のパターンは他にもたくさんあるかもしれませんが、大きく分けるとこの三パターンあると思われます。いずれにせよ、一人の大人、一人の親としてそれぞれ自覚がとても大事ですし、子供も一人の人間だということを忘れないでいかなければならないと思うのです。全てのケースで言える事は、頭ではわかっていてもついついカッときて自分を見失って子供に手を出してしまうというのは、親も人間ですから仕方のないことだと思うのです。殺したりしてしまうのは、子供に手をあげたりするのは今日が初めての事ではないと思うのです。今までも当たってきたことはいっぱいあると思うのです。それでも自分でどうにもできなくて積み重なって犯行に及んでしまうというケースが多いのではないでしょうか。殺したりしてしまうのは、いろいろな事情があるのだと思います。自分の苦しみを誰にも理解してもらえないという寂しさからエスカレートして、

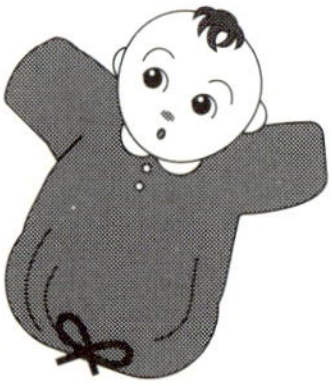

「私だって自由が欲しい！　この子さえいなければ…」

という思いにかられて気づいたら犯罪を犯していたというケースがほとんどなのではないでしょうか？　相談所に通う人はまだ理性を失っていないのです。自分でハッとする余裕があるのです。でも、犯行にまでいってしまう人は、もう理性などなくなっているのだと思うのです。自分でこのままではいけないと思えるのなら救えるのです。これ以上虐待のニュースを耳にしないためにはどうしたらいいのでしょうか。私は、思うのです。やはり、理性を見失いかけている母親を、または父親を救えるのは、その子供のもう一方の親しかいないのだと…。それには、その人を一人の人間として認めてあげるしか救える道はないのではないかと思うのです。また、相手のことをよく見ていてあげることで、その人から発するＳＯＳを察知して欲しいのです。

五　子供は二人で育てるもの

結論的には、子供は二人で作った愛の証。それならば子育てだって責任をもって二人で育てたいものです。顔も性格も十人十色というように子育ての方針も夫婦であっても全く違うと思うのです。それを二人で話し合いながら育てるのは楽しくありませんか？　私は楽しく思います。お互いの長所が子供に生きればこんなに嬉しいことはないのではないでしょうか？

さあ、今から、

「俺は外で必死に働いているんだ。家のことは君に任せている。子供のことは任せたぞ！」

という考えのお父様方は、この考えを捨てましょう。今一度、考え直していただきたいものです。

私は思うのです。よく夫にも言っています。

「家にいて子育てするより、働いているほうがよっぽど楽だよ」と。それは、貴方の仕事がたいしたことないからでしょ、と思われても結構です。それは誤解なのですから。自分が一番大変と思っている人ほどたいした仕事などしていないと思っていますから。私が言いたいのは、働くことが楽というのは、仕事が楽、いいかげんにやっているから楽とかではなく、仕事は自分自身でどうにでもなるから楽と言っているのです。自分の考え方、努力次第で、右へも左へもまわせるのです。それに比べて意味など何もわからない幼児のような人間だと自分の考えだけではどうにもならないことばかりなのです。自分の思うようにならず、全ては子供中心で時間がすぎ、子供中心で何事も考えて行動しなければいけないのです。そのことが言いたいだけなのです。

第五章　家庭円満が大前提

一　家族って…

皆さんにとって「家族」って何ですか？　全く他人の男女が夫婦になった時点でもう新しい家族ができているのです。そこへ、愛する人との子供が生まれ、更に親としても、そして夫、妻としても一つの輪になってくるのだと思います。その大事な事実を忘れている夫婦がなんて多いことでしょうか。実は私達夫婦もその一組に当てはまるかもしれません。

私が口うるさく主張している「個人」として認め合うことがやはり家庭円満の大前提ではないでしょうか？　自分のことを認めても

らえるからこそ頑張れることは多いと思います。唯一の家族である親兄弟から離れて、結婚すれば新たな人間関係が家族となります。それは意識していくのではなく、自然に夫の、妻の、そして子供の健康を気遣ったり、家を購入するとか、転職するとか何かアクションを起こすことは、自分勝手には決してできないことですし、自然に家族会議が行なわれていると思われます。「自然」という言葉が一番「家族」にあてはまるような気がしてなりません。いかがでしょうか?

二　会話

会話のない家族は寂しいですよね。私達夫婦は、何かひっかかることがあるとことん納得するまで話し合う夫婦です。そのため、次の日に喧嘩をひきずるといったことはあまりありません。

それが、子供ができた最近はお互い余裕がなく時間もなく、ついつい話し合おうとしても面倒になってきてなあなあになっていることが多いと思います。実は私はそのことをあまり納得していません。しかし、夫はもともと面倒なのが嫌いな性格で、あまり気にしない人なのでそれでもいいみたいです。私は、前述したように、夫のたった一言にとてもショックを受け、なにも言えなくなりました。いつもの私だったらとことん突き詰めて話を聞いていたと思います。そのまま布団に入ってしまった私は、やはりめずらしく二、三日夫の顔をまともに見ることができませんでした。あえて夫は普通にしてくるのにどうしても私の気持ちが煮え切らないでいたのです。

そんなとき、ついついイライラして子供にあたってしまったり、自分でもどうしていいかわからなくなっていました。会話もなく、

時間だけが過ぎていく。これは「家族」にとって一番よくないことだと感じていました。この気持ちをどうすればいいのか。

友達に話したところで解決するわけでもありませんでした。そこで、思ったのは「家庭円満」でなければいけない。それには、また新たな目標でももって進まなければならないと思い、また気持ちの切り換えをしたのです。そう、楽しく「会話」をするために…。

三　言葉

「言葉」ってとてもストレートでとても難しいものだと思いませんか？　人の心の中は見えない。だからこそ人としてお付き合いをしていけるのだと思います。もし、心の中が丸見えであれば、何も楽しくないですよね。心の中は見えないからこそ、人は悩むのですよね。

恋人同士が、彼は自分を愛してくれているのかとか、彼女は今何を考えて俺と一緒にいるのだろうかとか、まあ例題はあまりよくないかもしれませんが、そういったことで悩んでみても、実際行動を見て自分を愛してくれていると知ったり、言葉で愛情を伝えてもらったりするから、心から喜んだり楽しんだりできるのですよね。

「言葉」ってすごくないですか？　でも、心の中を全てお話したり伝えたりするのは非常に難しいことです。一歩間違えれば、ひどく人を傷つけたり裏切ったりしてしまうのですよね。本人は傷付けたり裏切ったりするつもりではなくても、「言葉」一つで違った意味で伝達されてしまう。「言葉」の力はものすごく恐ろしいものでもあります。

ここで、また私の夫の話になってしまいますが、夫は「言葉」が

非常に足りない人です。最初はそれに慣れるまで苦労しました。本当は心の中はいろいろと考えているのに、結局「言葉」として発せられるのは結論の一言のみなのです。だから誤解を招くことも少なくありません。損な性格と言えば損な性格なのでしょう。私はそれを充分知っているつもりでしたが、あの一言には本当にショックを受けてしまったのです。きっと夫は、深い意味もなかったと思うし、こんなに私が傷ついているなんて思ってもいないでしょう。それに、私が感じてしまったことはすべて否定するかもしれません。

それでも、「言葉」というのは、こんなに恐ろしいものです。先に述べたようにたとえ「家族」であっても「言葉」を発するときは、よく考えて相手のことを考えつつ発した方が良いように思われます。私もまだまだ勉強しなくては…!

四　笑顔でいるためには

「家族」がみんな「笑顔」でいるためには、やはり親（夫婦）が「笑顔」でいることが一番大事なのではないでしょうか？「笑顔」でいるためには、私もまだまだ修行がたりません。これからも、もっともっと夫を理解しなければいけないと思っています。相手から望んでばかりいるのではなく、自分が与えて初めて心が通じ合うものだと思うのです。

例えば相手に優しくされたりすると嬉しくありませんか？　その人の気持ちが「言葉」なしでも理解できませんか？　そうされたならば自分も相手のために何かしてあげたいと思うのは自然な成り行きだと思うのです。相手に「しなければ」ではなく、「してあげたい」でなければいけないと思うのです。仮に「しなければ」だとし

たら、それは嘘の気持ちであり、嘘の行動に他ならないと思います。それでは、相手に伝わるものも伝わりませんよね。「しなければ」ということ自体が間違っているように思うのです。

私も最近「してあげたい」という気持ちが足りないような気がしています。求めていてはいけないのですよね。「笑顔」でいるためには、まず相手のことを思いやることですね。

五　つまり「家庭円満」

つまり「家庭円満」であることは、この章で述べたすべてのことが大前提であると思うのです。それを実現するのは努力が必要ですし、心をもった人間なので思ったようには進まないでしょう。それでも、これらを実現できるように努力をすれば、相手のことを「個人」として認めることも自然とできると思うし、「個人」と認めることができれば、自然と「会話」も「言葉」も「笑顔」もついてくるのではないでしょうか。そして何よりも今一番問題視されている「虐待」も減っていくのではないでしょうか?「家族」である以上、みんなで力を合わせて、境界線などひかずに歩み寄ることが大切なのではないでしょうか。

◎ひまわり・花ことば
「あなたを見つめています」

あとがき

私がこの本を書いた理由は、たわいもない夫婦の会話から深く考えさせられた事実を元に主張したいことがでてきたからです。友達に相談したとき、私と同じ思い、いやそれ以上に思う部分があっても相手に言わなかったり、その場をごまかして生活を続けている恐ろしさを目の当たりにし、「これが当然」と思っている父親達に、「母親である前にひとりの人間として認めて欲しいことがある、今までの自分はあきらめて必死に前を向いて歩いてきた気持ちをもう少しちゃんと理解して欲しい」

と思ったことから私と同じ立場の女性を代表して、世の中の人に気持ちを知ってもらいたかったのです。また、イライラして子供に当たってしまって涙する自分を客観視し、「虐待」のニュースが耳に飛び込んできたとき、今までは理解しようともしなかったことが、なんとなく気持ちを理解できたような気になったのです。そこで、ついイライラして子供に当たってしまって、

「あー、また今日も怒ってばかりだった。反省」

と夜になって落ち込んでしまっているお母様方に、貴方だけではないのだということを言いたかったし、虐待まで行かないように、是非、父親である方達に私達母親の女性の気持ちをもう少しちゃんと理解してもらえたら、ずっとずっと母親の子供に対する気持ちは楽になるのに…ということを知ってもらいたくて書きました。現在子育て真っ最中の両親達の気持ちを代表して書いていますので、既に子育てを終えられた方達には理解不能なことだらけかもしれません。それでも時代は流れているから現代があり、また我が子達が親

になる未来はまた違った問題がおきていることと思います。この本を読んで、共感してくださる方や少しでも理解して協力してくださる男性が増え、虐待が減ってくれたらという願いを込めて書きました。

出版にあたって多大なるご協力を下さった文芸社の方々、夫、そして私が苦しんでいるときに背中をおしてくれた大親友の涌井妙子さんに心より感謝申し上げます。

平成十四年一月

齊藤　奈美

著者プロフィール

齊藤 奈美（さいとう なみ）

1970年 8 月31日、東京都狛江市生まれ。

東海大学在学中、ジェットスキーと出合い、その縁で某クイズ番組にも出場経験あり。

会社に入社後、本格的にジェットスキーのレースで全国を転戦しＡ級ライダーとなる。現在も趣味として続けている。

会社では、イベント等の司会をこなし、1997年に社長表彰を受ける。

退職後は、二児の母となり子育て奮闘中である。

母親である前に ひとりの人間として、パートナーへのメッセージ

2002年 1 月15日　初版第 1 刷発行

著　者　齊藤　奈美
発行者　瓜谷　綱延
発行所　株式会社 文芸社
〒112-0004　東京都文京区後楽2-23-12
電話　03-3814-1177（代表）
　　　03-3814-2455（営業）
振替　00190-8-728265

印刷所　株式会社 平河工業社

ISBN4-8355-2855-7　C0095